Impressum
Verlag: BABADADA GmbH, Nedderfeld 112 , 22529 Hamburg
Geschäftsführer / Verlagsleitung: Harald Hof
Druck: Books on Demand GmbH, In de Tarpen 42, 22848 Norderstedt

Imprint
Publisher: BABADADA GmbH, Nedderfeld 112 , 22529 Hamburg, Germany
Managing Director / Publishing direction: Harald Hof
Print: Books on Demand GmbH, In de Tarpen 42, 22848 Norderstedt

school

בית ספר

classroom
כיתה
divide
חילק
186/2
board
לוח
teacher
מורה
paper
נייר
write
כתב
pen
עט
desk
שולחן עבודה
ruler
סרגל
book
ספר
pupil
תלמיד

satchel
ילקוט

pencil case
קלמר

pencil
עיפרון

pencil sharpener
מחדד

rubber
גומי מחיקה

drawing pad
חוברת סרטוט

drawing

סרטוט

paintbrush

מברשת

paint box

קופסת צבעים

scissors

מספריים

glue

דבק

exercise book

ספר תרגול

homework

שיעור בית

number

מספר

add

חיבר

subtract

חיסר

multiply

הכפיל

calculate

חישב

letter

אות

alphabet

אלפבית

word

מילה

text

טקסט

read

קרא

chalk

גיר

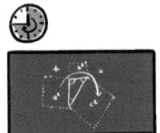

lesson

שיעור

register

יומן נוכחות

examination

מבחן

certificate

תעודה

school uniform

תלבושת בית ספר

education

חינוך

encyclopedia

אנציקלופדיה

university

אוניברסיטה

microscope

מיקרוסקופ

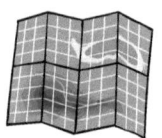

map

מפה

waste-paper basket

סל נייר

travel
נסיעה

hotel
מלון
hostel
הוסטל
EXCHANGE
currency exchange office
המרת מטבע
car
אוטו

language
שפה

yes / no
כן / לא

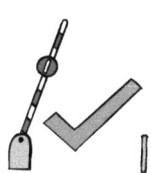

Okay
בסדר

hello
שלום

translator
מתרגם

Thank you
תודה

how much is...?

כמה עולה.....?

I don't get it

אני לא מבין

problem

בעיה

Good evening!

ערב טוב!

Good morning!

בוקר טוב!

Good night!

לילה טוב!

goodbye

להתראות

direction

כיוון

luggage

כבודה

bag

תיק

backpack

תרמיל גב

guest

אורח

room

חדר

sleeping bag

שק שינה

tent

אוהל

tourist information

מרכז מידע לתיירים

beach

חוף ים

credit card

כרטיס אשראי

breakfast

ארוחת בוקר

lunch

ארוחת צהריים

dinner

ארוחת ערב

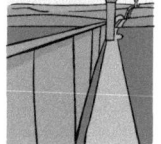

Ticket

כרטיס

elevator

מעלית

stamp

בול

border

גבול

customs

מכס

embassy

שגרירות

visa

אשרה

passport

דרכון

transport

תחבורה

airplane
מטוס
ship
אונייה
fire truck
כבאית
truck
משאית
bus
אוטובוס
motorboat
סירת מנוע
bike
אופניים
car
אוטו

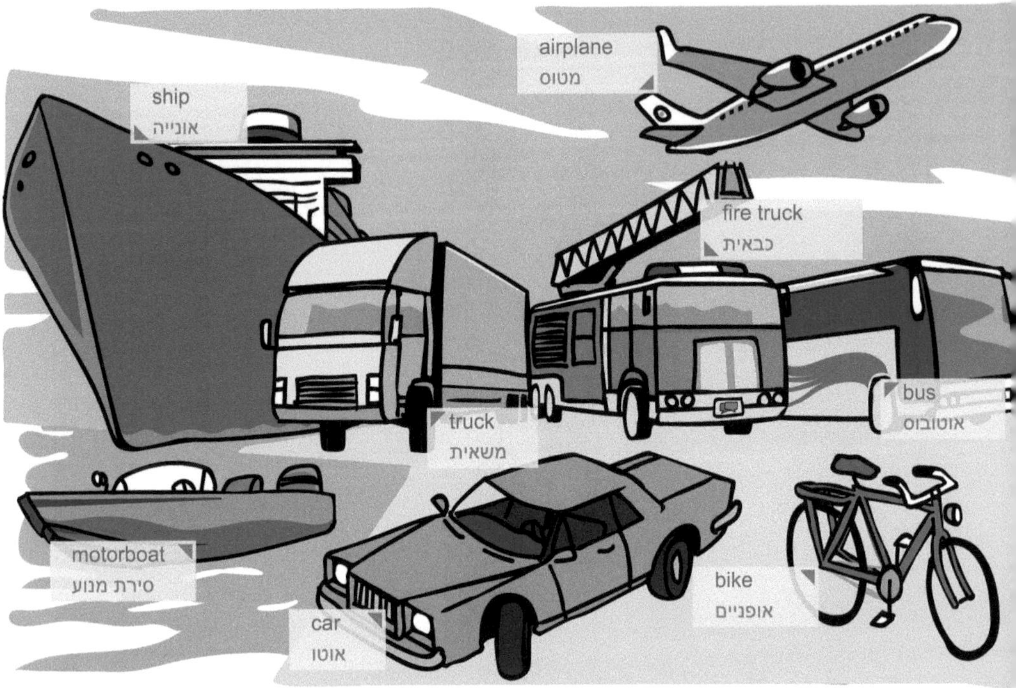

ferry

מעבורת

boat

סירה

motorbike

אופנוע

police car

ניידת משטרה

racing car

מכונית מרוץ

rental car

רכב שכור

car sharing

מכוניות בשיתוף

tow truck

אוטו גרר

garbage truck

משאית זבל

engine

מנוע

fuel

דלק

fuel station

תחנת דלק

traffic sign

תמרור

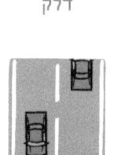

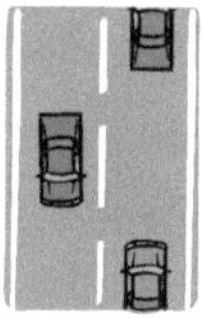

traffic

תנועה

traffic jam

פקק תנועה

parking lot

חניה

train station

תחנת רכבת

tracks

פסי רכבת

train

רכבת

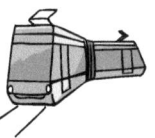

tram

רכבת קלה

wagon

קרון

helicopter

מסוק

airport

שדה-תעופה

tower

מגדל

passenger

נוסע

container

קונטיינר

carton

קרטון

cart

עגלה

basket

סל

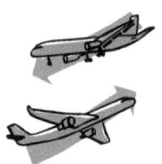

take off / land

המראה / נחיתה

city

עיר

village

כפר

city center

מרכז העיר

house

בית

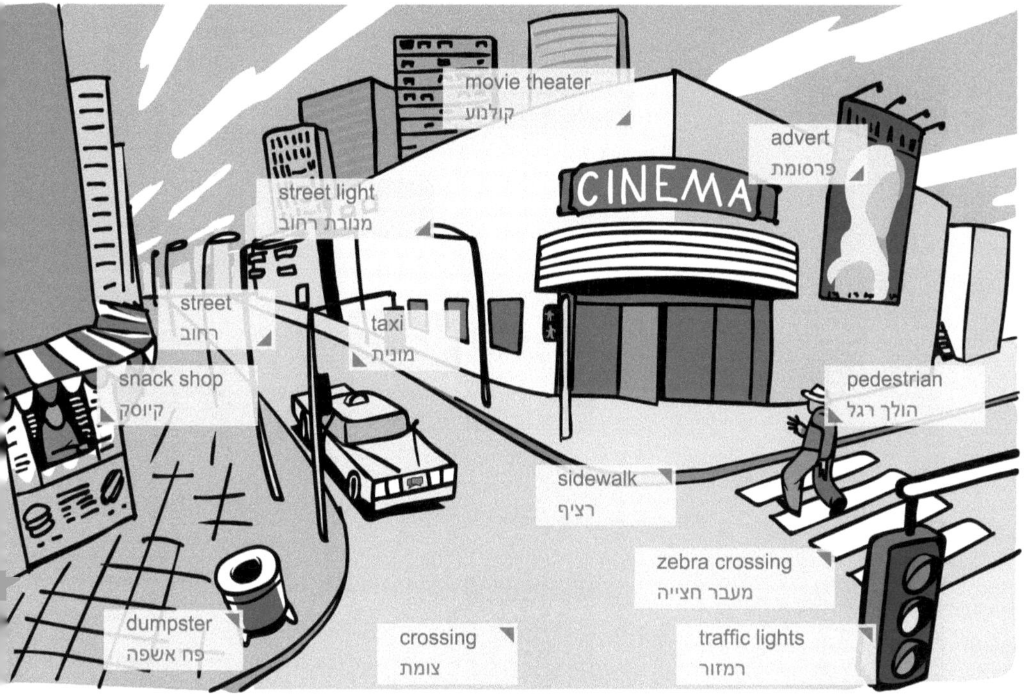

movie theater — קולנוע

advert — פרסומת

street light — מנורת רחוב

CINEMA

street — רחוב

taxi — מונית

snack shop — קיוסק

pedestrian — הולך רגל

sidewalk — רציף

zebra crossing — מעבר חצייה

dumpster — פח אשפה

crossing — צומת

traffic lights — רמזור

hut
בקתה

apartment
דירה

train station
תחנת רכבת

city hall
עירייה

museum
מוזיאון

school
בית ספר

university

אוניברסיטה

bank

בנק

hospital

בית חולים

hotel

מלון

pharmacy

בית מרקחת

office

משרד

book shop

חנות ספרים

shop

חנות

flower shop

חנות פרחים

supermarket

סופרמרקט

market

שוק

department store

כל-בו

fishmonger's shop

מוכר דגים

mall

קניון

harbor

נמל

park

פארק

bench

ספסל

bridge

גשר

stairs

מדרגות

subway

רכבת תחתית

tunnel

מנהרה

bus stop

תחנת אוטובוס

bar

בר

restaurant

מסעדה

postbox

תא דואר

street sign

שלט רחוב

parking meter

מדחן

zoo

גן חיות

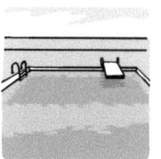

swimming pool

בריכת שחיה

mosque

מסגד

farm

חווה

pollution

זיהום

cemetery

בית עלמין

church

כנסייה

playground

מגרש משחקים

temple

בית מקדש

landscape

נוף

signpost
תמרור

path
דרך

meadow
מרעה

stone
אבן

tree
עץ

hiker
מטייל

river
נהר

grass
דשא

flower
פרח

valley

בקעה

hill

הר

lake

אגם

forest

יער

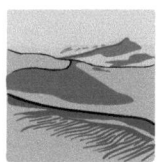

desert

מדבר

volcano

הר געש

castle

טירה

rainbow

קשת בענן

mushroom

פטריה

palm tree

דקל

mosquito

יתוש

fly

זבוב

ant

נמלה

bee

דבורה

spider

עכביש

beetle

חיפושית

frog

צפרדע

squirrel

סנאי

hedgehog

קיפוד

hare

ארנב

owl

ינשוף

bird

ציפור

swan

ברבור

boar

חזיר בר

deer

צבי

moose

אייל הקורא

dam

סכר

wind turbine

טורבינת רוח

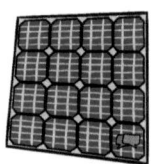

solar panel

פנל סולארי

climate

אקלים

restaurant
מסעדה

waiter
מלצר
menu
תפריט
chair
כסא
soup
מרק
pizza
פיצה
cutlery
סכו"ם
tablecloth
מפת שולחן

starter
....
מנת פתיחה

main course
....
מנה עיקרית

dessert
....
קינוח

drinks
....
שתיות

food
....
אוכל

bottle
....
בקבוק

fast food

מזון מהיר

street food

אוכל רחוב

teapot

קנקן תה

sugar bowl

מסכרת

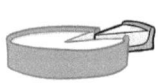

portion

מנה

espresso machine

מכונת אספרסו

high chair

כסא תינוק

bill

חשבון

tray

מגש

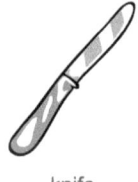

knife

סכין

fork

מזלג

spoon

כף

teaspoon

כפית

serviette

מפית

glass

כוס

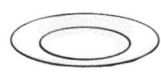

plate

צלחת

soup plate

קערת מרק

saucer

תחתית

sauce

רוטב

salt shaker

מלחייה

pepper mill

מטחנת פלפל

vinegar

חומץ

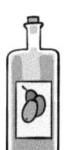

oil

שמן

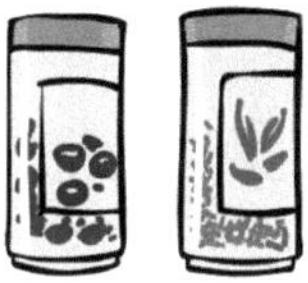

spices

תבלינים

ketchup

קטשופ

mustard

חרדל

mayonnaise

מיונז

supermarket
סופרמרקט

special offer
מבצע
FOR
customer
לקוח
dairy products
מוצרי חלב
fruit
פירות
shopping cart
עגלת קניות

butcher's shop
אטליז

bakery
מאפייה

weigh
שקל

vegetables
ירקות

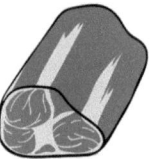

meat
בשר

frozen food
מזון קפוא

cold cuts

בשר קר

canned food

שימורים

detergent

אבקת כביסה

candy

ממתקים

household products

מוצרי בית

cleaning products

חומר ניקוי

sales representative

מוכרת

cash register

קופה

cashier

קופאי

shopping list

רשימת קניות

opening hours

שעות פתיחה

wallet

ארנק

credit card

כרטיס אשראי

bag

תיק

plastic bag

שקית נילון

drinks
שתיות

water

מים

juice

מיץ

milk

חלב

coke

קולה

wine

יין

beer

בירה

alcohol

אלכוהול

cocoa

קקאו

tea

תה

coffee

קפה

espresso

אספרסו

cappuccino

קפוצ'ינו

food
אוכל

banana

בננה

apple

תפוח

orange

תפוז

melon

אבטיח

lemon

לימון

carrot

גזר

garlic

שום

bamboo

במבוק

onion

בצל

mushroom

פטריות

nuts

אגוזים

noodles

אטריות

spaghetti

ספגטי

rice

אורז

salad

סלט

fries

צ'יפס

fried potatoes

צ'יפס

pizza

פיצה

hamburger

המבורגר

sandwich

כריך

escalope

שניצל

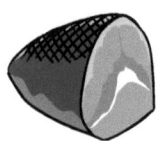

ham

שינקין

salami

סלאמי

sausage

נקניקיה

chicken

עוף

roast

טיגון

fish

דג

porridge oats

שיבולת שועל

muesli

מוזלי

cornflakes

קורנפלקס

flour

קמח

croissant

קרואסון

bread roll

לחמנייה

bread

לחם

toast

טוסט

cookies

עוגיות

butter

חמאה

curd

גבינה לבנה

cake

עוגה

egg

ביצה

fried egg

ביצת עין

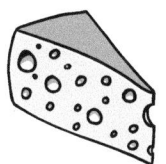

cheese

גבינה

ice cream

גלידה

sugar

סוכר

honey

דבש

jelly

ריבה

nougat cream

ממרח נוגט

curry

קארי

farm

חווה

goat

עז

cow

פרה

calf

עגל

pig

חזיר

piglet

חזרזיר

bull

שור

goose

אווז

duck

ברווז

chick

אפרוח

hen

תרנגולת

cockerel

תרנגול

rat

חולדה

cat

חתול

mouse

עכבר

ox

שור

dog

כלב

dog house

מלונה

garden hose

צינור השקיה

watering can

קנקן מים

scythe

חרמש

plow

מחרשה

sickle

מגל

hoe

מגרפה

pitchfork

קלשון

axe

גרזן

pushcart

מריצה

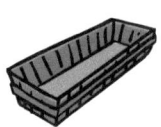

trough

שוקת

milk can

כד חלב

sack

שק

fence

גדר

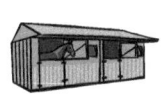

stable

אורווה

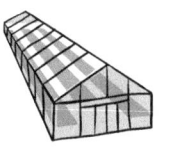

greenhouse

חממה

soil

אדמה

seed

זרע

fertilizer

דשן

combine harvester

מקצרה

harvest

קצר

harvest

קציר

yams

בטטה אפריקנית

wheat

חיטה

soya

סויה

potato

תפוח אדמה

corn

תירס

rapeseed

קנולה

fruit tree

עץ פירות

manioc

קסבה

grain

דגנים

house

בית

living room

סלון

bathroom

חדר אמבטיה

kitchen

מטבח

bedroom

חדר שינה

kids room

חדר ילדים

dining room

חדר אוכל

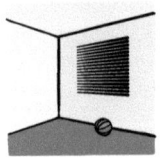

floor

רצפה

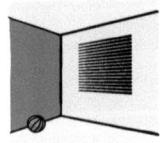

wall

קיר

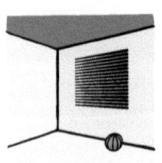

ceiling

תקרה

cellar

מרתף

sauna

סאונה

balcony

מרפסת

terrace

מרפסת

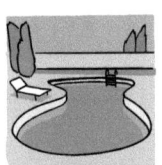

pool

בריכה

lawn mower

מכסחת דשא

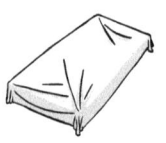

sheet

סדין

bedspread

כיסוי מיטה

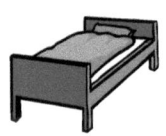

bed

מיטה

broom

מטאטא

bucket

דלי

switch

מפסק

living room
סלון

carpet

שטיח

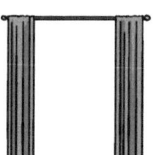

drape

וילון

table

שולחן

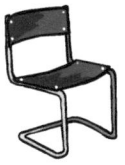

chair

כסא

rocking chair

כיסא נדנדה

armchair

כורסה

book

ספר

blanket

שמיכה

decoration

דקורציה

firewood

עצי הסקה

film

סרט

stereo system

מערכת סטריאו

key

מפתח

newspaper

עיתון

painting

ציור

poster

פוסטר

radio

רדיו

notebook

מחברת

vacuum cleaner

שואב אבק

cactus

קקטוס

candle

נר

kitchen
מטבח

fridge
מקרר
microwave oven
מיקרוגל
toaster
טוסטר
laundry detergent
חומר ניקוי
stove
תנור
freezer
מקפיא
dishwasher
מדיח כלים

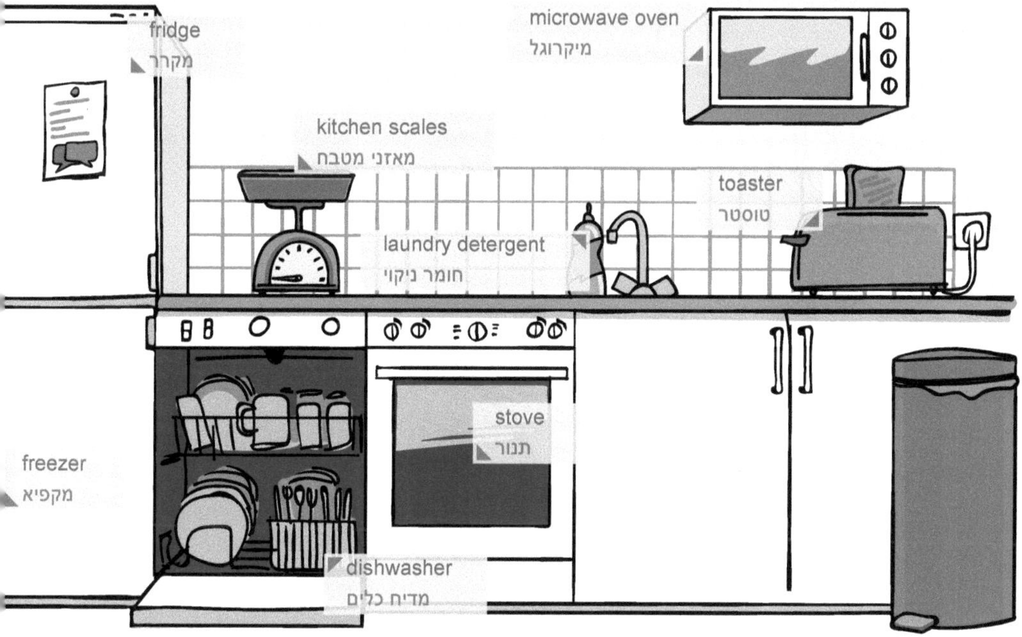

cooker

תנור

pot

סיר

cast-iron pot

סיר ברזל

wok / kadai

ווק

pan

מחבת

kettle

קומקום חשמלי

steamer

מאדה

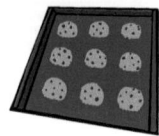

baking tray

מגש אפייה

crockery

כלי אוכל

mug

ספל

bowl

קערה

chopsticks

צ'ופסטיקס

ladle

מצקת

spatula

מרית

whisk

מטרפה

strainer

מסננת בישול

sieve

מסננת

grater

מגרדת

mortar

מכתש

barbecue

גריל

fireplace

מדורה

chopping board

קרש חיתוך

rolling pin

מערוך

corkscrew

פותחן פקקים

can

פחית

can opener

פותחן קופסאות

oven cloth

מטלית

sink

כיור

brush

מברשת

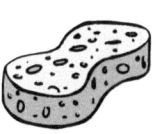

sponge

ספוג

blender

בלנדר

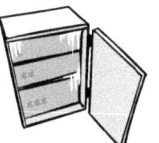

deep freezer

מקפיא

baby bottle

בקבוק לתינוק

tap

ברז

bathroom
חדר אמבטיה

heating
חימום
shower
מקלחת
towel
מגבת
shower curtain
וילון מקלחת
bubble bath
אמבטיית קצף
bathtub
אמבטיה
glass
כוס
washing machine
מכונת כביסה
tap
ברז
tiles
אריחים
potty
סיר לילה
sink
כיור

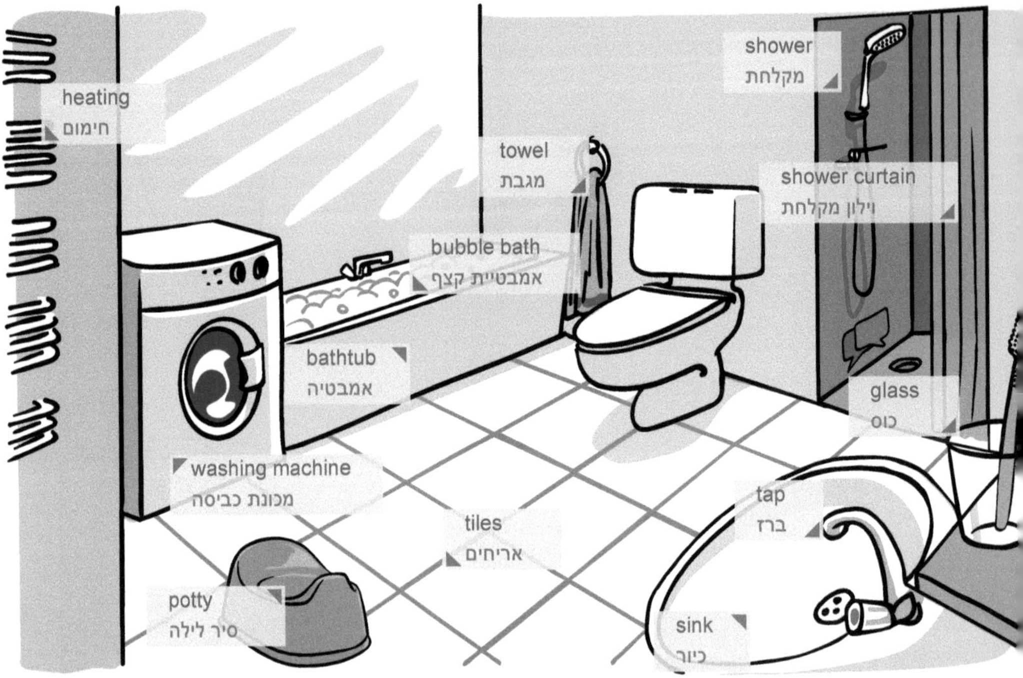

toilet
אסלה

squat toilet
אסלת כריעה

bidet
בידה

urinal
משתנה

toilet paper
נייר טואלט

toilet brush
מברשת אסלה

toothbrush

מברשת שיניים

toothpaste

משחת שיניים

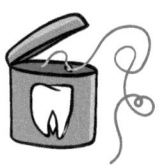

dental floss

חוט דנטלי

wash

שטף

hand shower

מקלחת יד

douche

צינור שטיפה לשירותים

basin

קערת רחצה

back brush

מברשת גב

soap

סבון

shower gel

ג'ל רחצה

shampoo

שמפו

flannel

ליפה

drain

ניקוז

creme

קרם

deodorant

דיאודורנט

mirror

מראה

hand mirror

מראת יד

razor

סכין גילוח

shaving foam

קצף גילוח

aftershave

אפטרשייב

comb

מסרק

brush

מברשת

hair-dryer

מייבש שיעור

hairspray

ספריי לשיער

makeup

איפור

lipstick

שפתון

nail varnish

לק

cotton wool

צמר גפן

nail scissors

מספריים לציפורניים

perfume

בושם

washbag

תיק כלי רחצה

stool

שרפרף

weighing scales

משקל

bathrobe

חלוק רחצה

rubber gloves

כפפות גומי

tampon

טמפון

sanitary towel

תחבושת סניטרית

chemical toilet

שירותים כימיקליים

kids room

חדר ילדים

alarm clock
שעון מעורר
cuddly toy
צעצוע חיבוק
toy car
מכונית צעצוע
rattle
רעשן
doll's house
בית בובות
present
מתנה

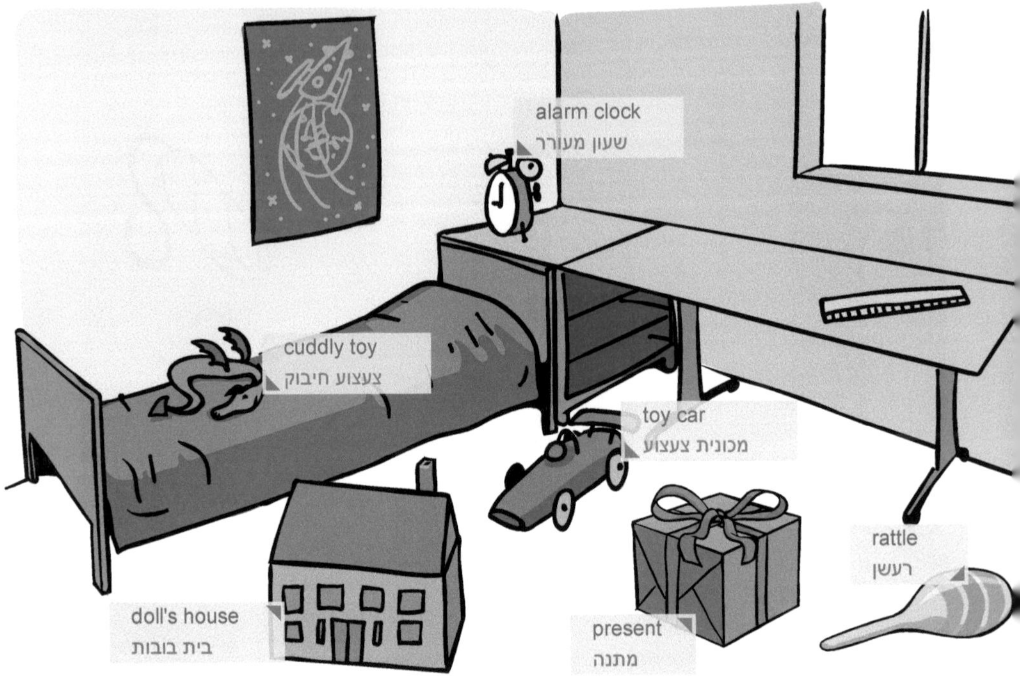

balloon

בלון

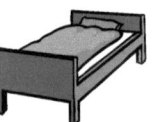

bed

מיטה

stroller

עגלה

deck of cards

משחק קלפים

jigsaw

פאזל

comic

קומיקס

lego bricks

לגו

toy blocks

קוביות משחק

action figure

דמות משחק

romper suit

סרבל תינוקות

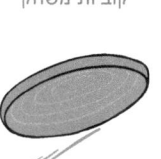

frisbee

פריזבי

mobile

נייד

board game

משחק לוח

dice

קוביה

model train set

רכבת צעצוע

pacifier

מוצץ

party

מסיבה

picture book

אלבום תמונות

ball

כדור

doll

בובה

play

שיחק

sandpit

ארגז חול

swing

נדנדה

toys

צעצועים

video game console

קונסולת משחקים

tricycle

אופניים תלת גלגלי

teddy bear

דובון

wardrobe

ארון בגדים

clothing

בגדים

socks

גרביים

stockings

גרביונים

tights

גרביון

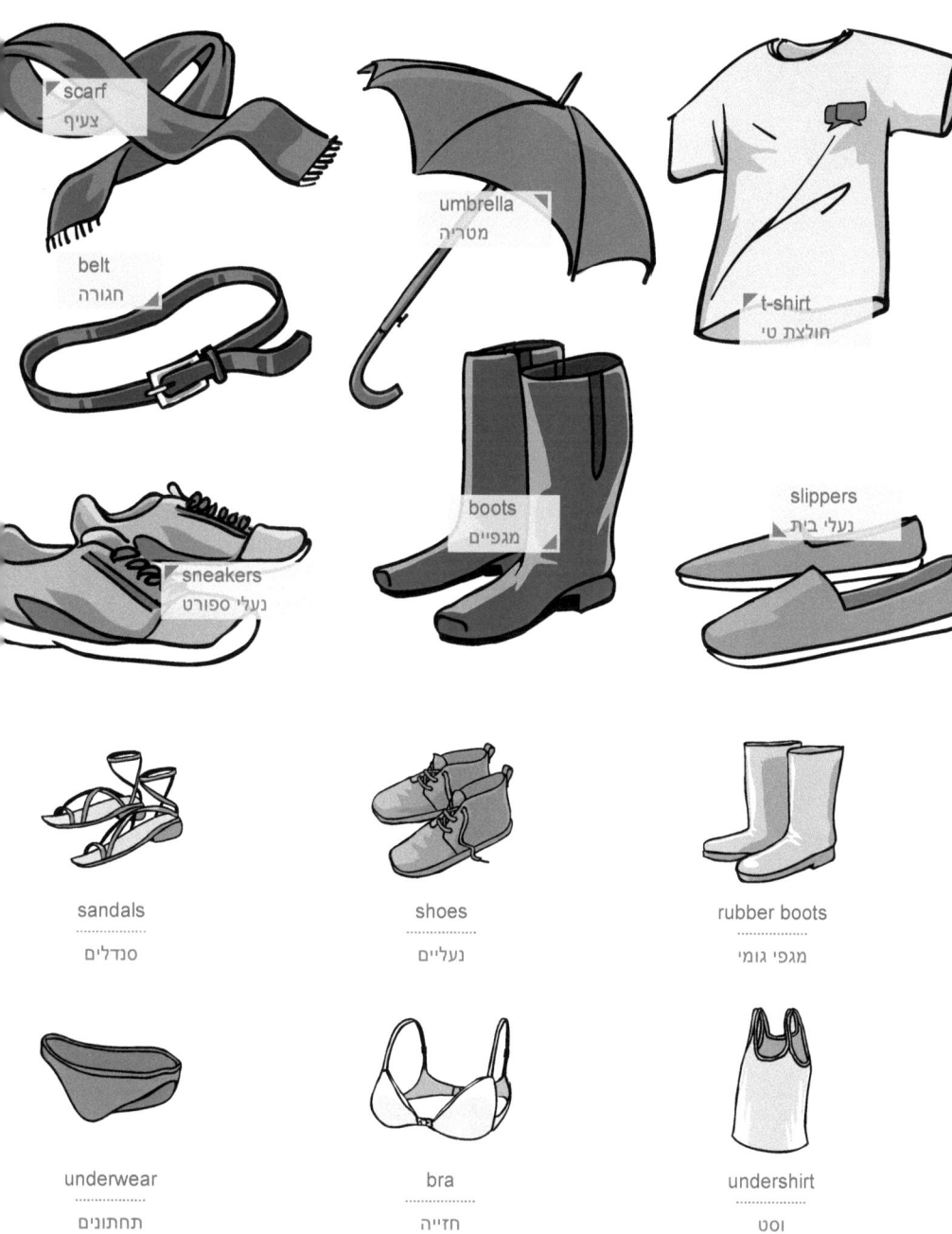

scarf
צעיף

umbrella
מטריה

belt
חגורה

t-shirt
חולצת טי

boots
מגפיים

slippers
נעלי בית

sneakers
נעלי ספורט

sandals
סנדלים

shoes
נעליים

rubber boots
מגפי גומי

underwear
תחתונים

bra
חזייה

undershirt
וסט

body

גוף

pants

מכנסיים

jeans

ג'ינס

skirt

חצאית

blouse

חולצה מכופתרת

shirt

חולצה

pullover

אפודה

sweater

סווצ'ר עם קפוצ'ון

blazer

בלייזר

jacket

ז'קט

coat

מעיל

raincoat

מעיל גשם

costume

תלבושת

dress

שמלה

wedding dress

שמלת כלה

suit

חליפה

nightgown

כותונת לילה

pajamas

פיג'מה

sari

סארי

headscarf

מטפחת ראש

turban

טורבן

burka

בורקה

kaftan

קאפטן

abaya

עבאיה

swimsuit

בגד ים

trunks

בגד ים

shorts

מכנסיים קצרים

tracksuit

בגד אימון

apron

סינר

gloves

כפפות

button

כפתור

glasses

משקפיים

bracelet

צמיד יד

necklace

שרשרת

ring

טבעת

earring

עגיל

cap

כובע

coat hanger

קולב

hat

כובע

tie

עניבה

zip

רוכסן

helmet

קסדה

braces

כתפיות

school uniform

תלבושת בית ספר

uniform

מדים

bib

מפית אוכל

pacifier

מוצץ

diaper

חיתול

office

משרד

server
שרת
filing cabinet
תיקייה
printer
מדפסת
paper
נייר
monitor
מסך
mouse
עכבר
desk
שולחן עבודה
folder
תיק
keyboard
מקלדת
chair
כסא
waste-paper basket
סל נייר
computer
מחשב

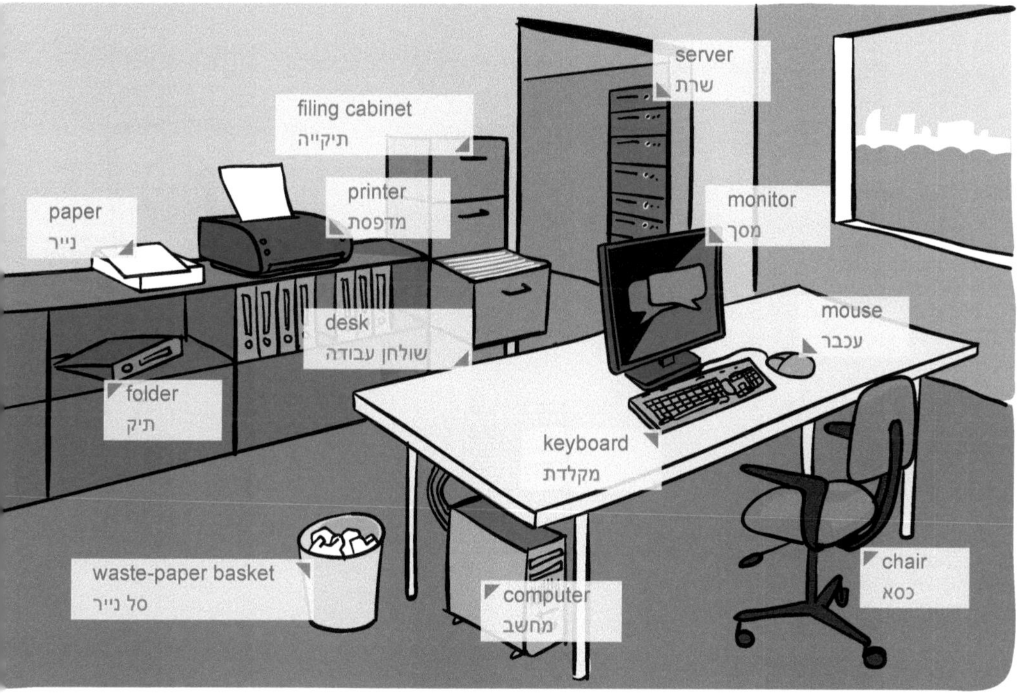

coffee mug

ספל קפה

calculator

מחשבון

internet

אינטרנט

laptop

מחשב נייד

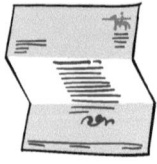

letter

מכתב

message

הודעה

cell phone

נייד

network

רשת

photocopier

מכונת צילום

software

תוכנה

telephone

טלפון

plug socket

שקע

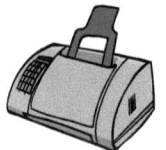

fax machine

פקס

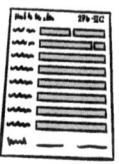

form

טופס

document

מסמך

economy
כלכלה

buy
קנה

pay
שילם

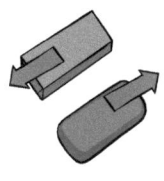

trade
סחר

money
כסף

USD

dollar
דולר

EUR

euro
יורו

JPY

yen
ין

RUB

rouble
רובל

CHF

Swiss franc
פרנק שווייצרי

CNY

renminbi yuan
יואן רנמינבי

INR

rupee
רופי

cash point
כספומט

currency exchange office

המרת מטבע

gold

זהב

silver

כסף

oil

נפט

energy

אנרגיה

price

מחיר

contract

חוזה

tax

מס

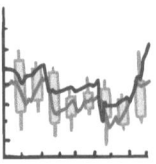

stock

מנייה

work

עבד

employee

עובד

employer

מעסיק

factory

מפעל

shop

חנות

occupations
מקצועות

fireman
כבאי
police officer
שוטר
cook
טבח
doctor
רופא
pilot
טייס

gardener
גנן

carpenter
נגר

seamstress
תופרת

judge
שופט

chemist
כימאי

actor
שחקן

bus driver

נהג אוטובוס

taxi driver

נהג מונית

fisherman

דייג

cleaning lady

עובדת נקיון

roofer

מתקן גגות

waiter

מלצר

hunter

צייד

painter

צייר

baker

אופה

electrician

חשמלאי

builder

עובד בניין

engineer

מהנדס

butcher

קצב

plumber

אינסטלטור

postman

דוור

soldier

חייל

architect

אדריכל

cashier

קופאי

florist

מוכר פרחים

hairdresser

ספר

conductor

כרטיסן

mechanic

מכונאי

captain

קברניט

dentist

רופא שיניים

scientist

מדען

rabbi

רב

imam

אימאם

monk

נזיר

pastor

כומר

tools

כלי עבודה

hammer
פטיש
pliers
צבת
screwdriver
מברג
wrench
מפתח ברגים
torch
פנס

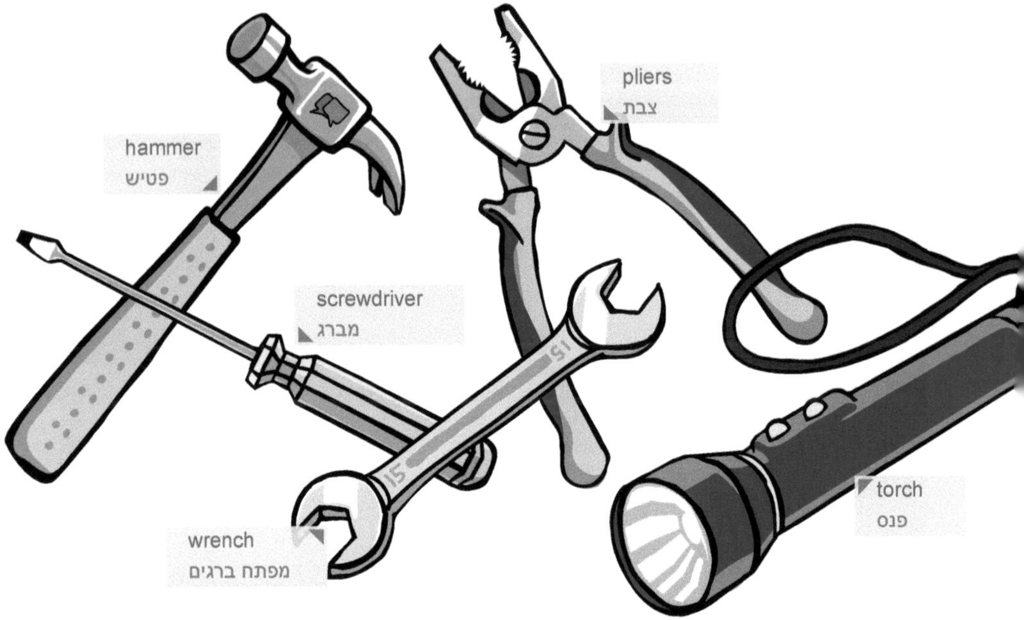

excavator

דחפור

toolbox

ארגז כלים

ladder

סולם

saw

מסור

nails

מסמרים

drill

מקדחה

repair

תיקן

shovel

את חפירה

Damn!

לעזאזל!

dustpan

יעה

paint can

פח צבע

screws

ברגים

musical instruments

כלי נגינה

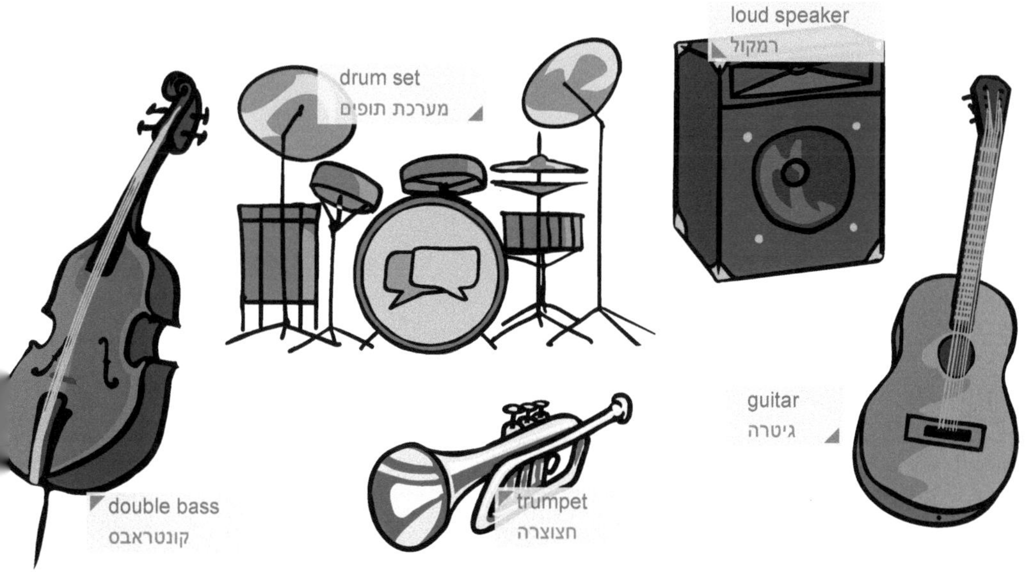

loud speaker
רמקול

drum set
מערכת תופים

guitar
גיטרה

double bass
קונטראבס

trumpet
חצוצרה

piano

פסנתר

violin

כינור

bass

בס

timpani

תוף הדוד

drums

תופים

keyboard

מקלדת פסנתר

saxophone

סקסופון

flute

חליל

microphone

מיקרופון

ZOO

גן חיות

entrance
כניסה
tiger
נמר
cage
כלוב
zebra
זברה
animal feed
מזון לחיות
panda
פנדה

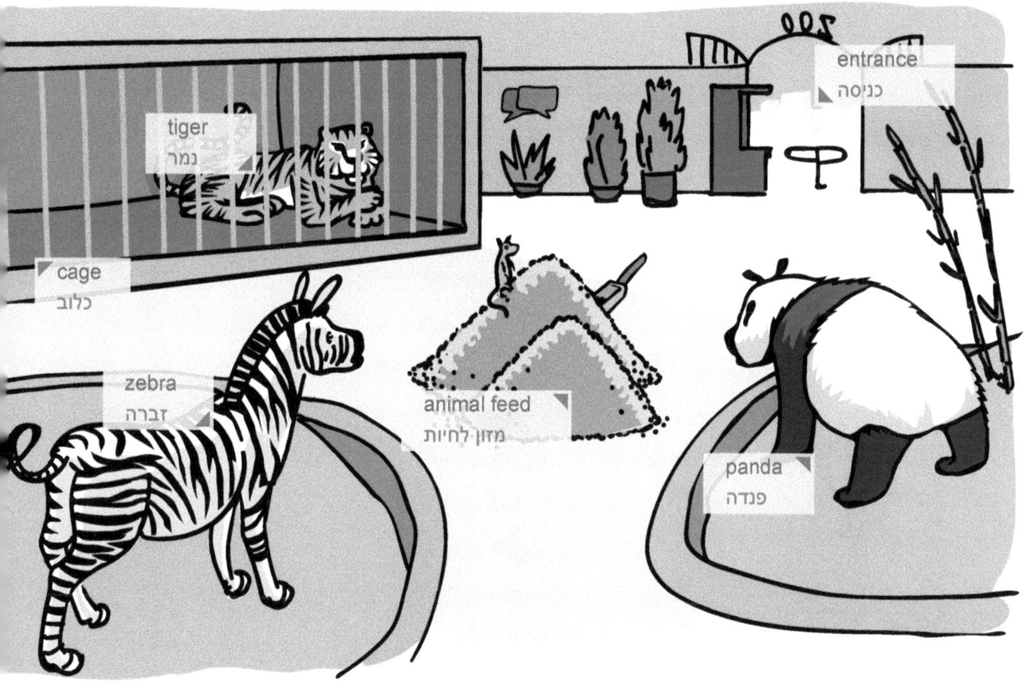

animals

בעלי חיים

elephant

פיל

kangaroo

קנגרו

rhino

קרנף

gorilla

גורילה

bear

דוב

camel

גמל

ostrich

יען

lion

אריה

monkey

קוף

flamingo

פלמינגו

parrot

תוכי

polar bear

דוב הקרח

penguin

פינגווין

shark

כריש

peacock

טווס

snake

נחש

crocodile

תנין

zookeeper

שומר גן החיות

seal

כלב ים

jaguar

יגואר

pony

סוס פוני

leopard

לאופרד

hippo

היפופוטאם

giraffe

ג'ירפה

eagle

נשר

boar

חזיר בר

fish

דג

turtle

צב

walrus

סוס ים

fox

שועל

gazelle

איילה

sports

ספורט

American football
פוטבול אמריקאי
cycling
רכיבת אופניים
tennis
טניס
basketball
כדורסל
swimming
שחיה
boxing
אגרוף
ice hockey
הוקי

soccer

....

כדורגל

badminton

....

בדמינטון

athletics

....

אתלטיקה

handball

....

כדור-יד

skiing

....

עשה סקי

polo

....

פולו

פעילויות

jump
קפץ
hug
חיבק
laugh
צחק
walk
הלך
sing
שר
dream
חלם
pray
התפלל
kiss
נשק

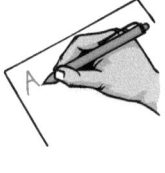

write

כתב

draw

צייר

show

הראה

push

דחף

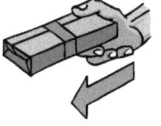

give

נתן

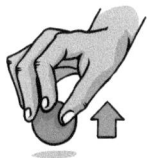

take

לקח

have

יש / להיות הבעלים

do

עשה

be

היה

stand

עמד

run

רץ

pull

משך

throw

זרק

fall

נפל

lie

שכב

wait

חיכה

carry

סחב

sit

ישב

get dressed

התלבש

sleep

ישן

wake up

התעורר

look at

הסתכל ב-

cry

בכה

stroke

ליטף

comb

סירק

talk

דיבר

understand

הבין

ask

שאל

listen

שמע

drink

שתה

eat

אכל

tidy up

סידר

love

אהב

cook

בישל

drive

נהג

fly

עף

sail

שט

calculate

חישב

read

קרא

learn

למד

work

עבד

marry

התחתן

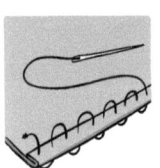

sew

תפר

brush teeth

ציחצח שיניים

kill

הרג

smoke

עישן

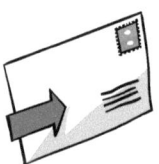

send

שלח

family
משפחה

grandmother
סבתא
grandfather
סבא
father
אבא
mother
אימא
baby
תינוק
daughter
בת
son
בן

guest

אורח

aunt

דודה

uncle

דוד

brother

אח

sister

אחות

body

גוף

forehead
מצח
eye
עין
shoulder
כתף
finger
אצבע
face
פנים
chin
סנטר
hand
כף יד
leg
רגל
breast
חזה
arm
זרוע

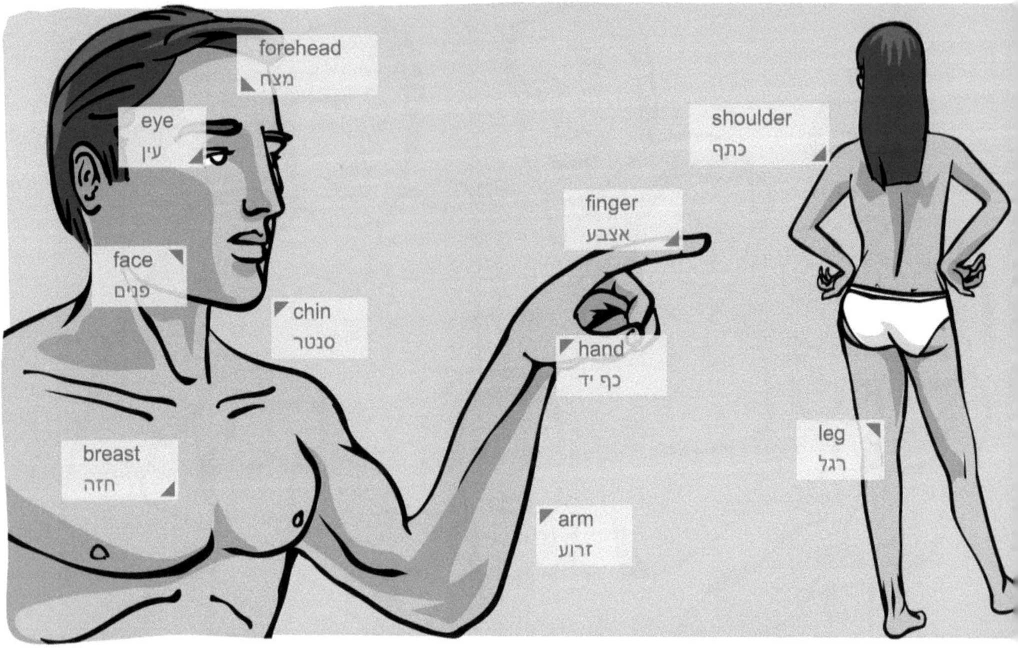

baby

תינוק

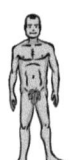

man

איש

woman

אישה

girl

ילדה

boy

ילד

head

ראש

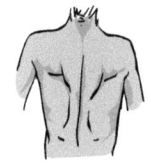

back

גב

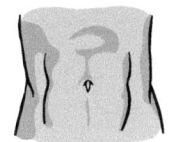

belly

בטן

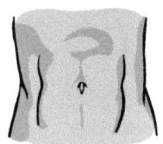

navel

טבור

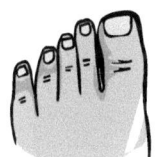

toe

אצבע

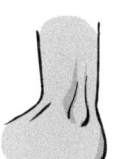

heel

עקב

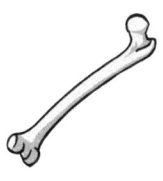

bone

עצם

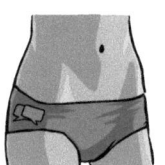

hip

ירך

knee

ברך

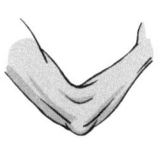

elbow

מרפק

nose

אף

buttocks

עכוז

skin

עור

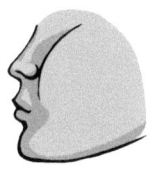

cheek

לחי

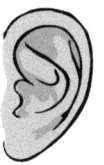

ear

אוזן

lip

שפתיים

mouth

פה

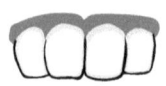

tooth

שן

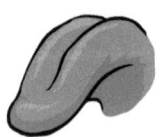

tongue

לשון

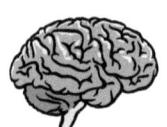

brain

מוח

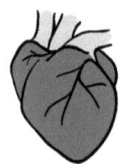

heart

לב

muscle

שריר

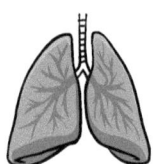

lung

ריאה

liver

כבד

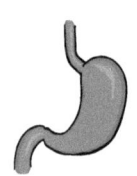

stomach

קיבה

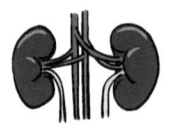

kidneys

כליות

sex

מין

condom

קונדום

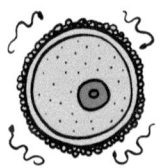

ovum

ביצית

semen

זרע

pregnancy

הריון

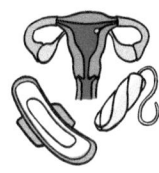

menstruation

ווסת

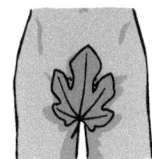

vagina

נרתיק

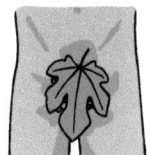

penis

פין

eyebrow

גבה

hair

שיער

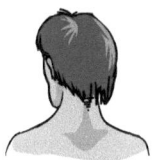

neck

צוואר

hospital
בית חולים

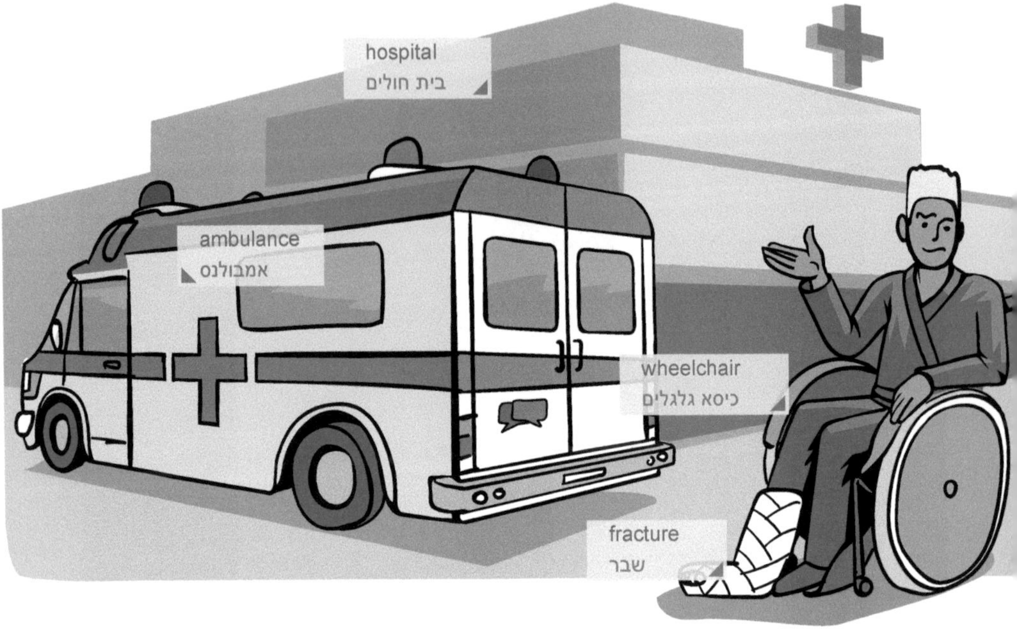

hospital
בית חולים
ambulance
אמבולנס
wheelchair
כיסא גלגלים
fracture
שבר

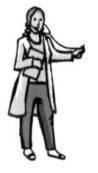

doctor
....
רופא

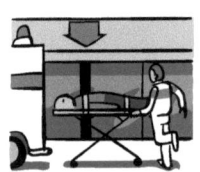

emergency room
....
חדר מיון

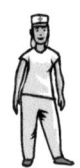

nurse
....
אחות

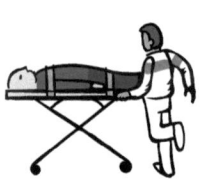

emergency
....
חירום

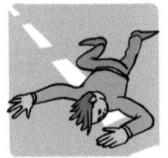

unconscious
....
חסר הכרה

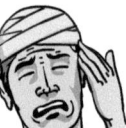

pain
....
כאב

injury

פציעה

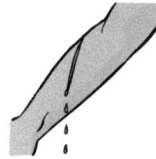

bleeding

דימום

heart attack

התקף לב

stroke

שבץ

allergy

אלרגיה

cough

שיעול

fever

חום

flu

שפעת

diarrhea

שלשול

headache

כאב ראש

cancer

סרטן

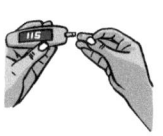

diabetes

סוכרת

surgeon

מנתח

scalpel

אזמל

operation

ניתוח

CT

סי-טי

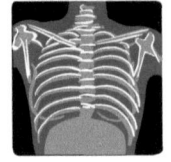

x-ray

רנטגן

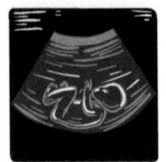

ultrasound

אולטרסאונד

face mask

מסיכת פנים

disease

מחלה

waiting room

חדר המתנה

crutch

קבה

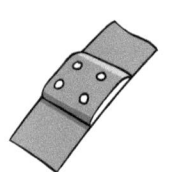

plaster

פלסטר

bandage

תחבושת

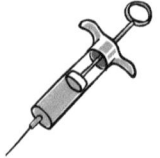

injection

זריקה

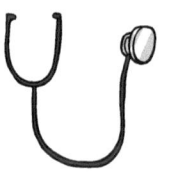

stethoscope

סטטוסקופ

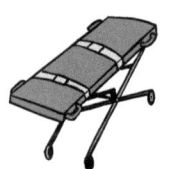

stretcher

אלונקה

clinical thermometer

מד חום

birth

לידה

overweight

עודף משקל

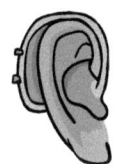

hearing aid

מכשיר שמיעה

disinfectant

מחטא

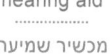

infection

זיהום

virus

נגיף

HIV / AIDS

איידס

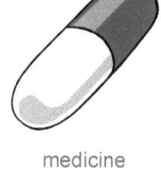

medicine

תרופה

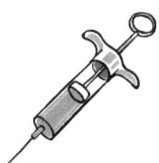

vaccination

חיסון

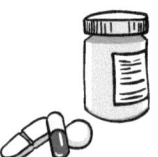

tablets

טבליות

pill

גלולה

emergency call

קריאת חירום

blood pressure monitor

מד לחץ דם

ill / healthy

חולה / בריא

emergency

חירום

Help!

....

הצילו!

alarm

....

אזעקה

assault

....

פשיטה

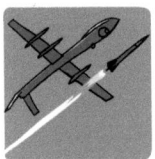

attack

....

תקיפה

danger

....

סכנה

emergency exit

....

יציאת חירום

Fire!

....

אש!

fire extinguisher

....

מטף כיבוי

accident

....

תאונה

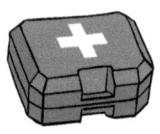

first-aid kit

....

ערכת עזרה ראשונה

SOS

....

הצילו!

police

....

משטרה

earth

כדור הארץ

Europe

....

אירופה

North America

....

צפון אמריקה

South America

....

דרום אמריקה

Africa

....

אפריקה

Asia

....

אסיה

Australia

....

אוסטרליה

Atlantic

....

האוקיינוס האטלנטי

Pacific

....

האוקיינוס השקט

Indian Ocean

....

האוקיינוס ההודי

Antarctic Ocean

....

האוקיינוס האנטרקטי

Arctic Ocean

....

האוקיינוס הארקטי

North pole

....

הקוטב הצפוני

South pole

הקוטב הדרומי

Antarctica

אנטארקטיקה

earth

כדור הארץ

land

אדמה

sea

ים

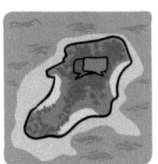

island

אי

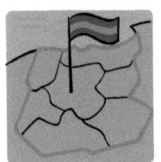

nation

לאום

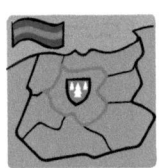

state

מדינה

clock

שעון

clock face

פני השעון

hour hand

מחוג השעות

minute hand

מחוג הדקות

second hand

מחוג השניות

What time is it?

מה השעה?

day

יום

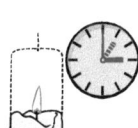

time

זמן

now

עכשיו

digital watch

שעון דיגיטלי

minute

דקה

hour

שעה

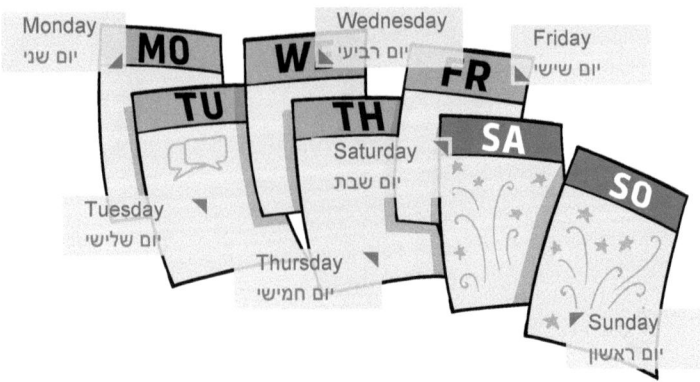

week

שבוע

Monday
יום שני
MO
Wednesday
יום רביעי
W
Friday
יום שישי
FR
TU
TH
Saturday
יום שבת
SA
Tuesday
יום שלישי
Thursday
יום חמישי
Sunday
יום ראשון

TUE
MON

yesterday

אתמול

TUE

today

היום

TUE

tomorrow

מחר

morning

בוקר

noon

צהריים

evening

ערב

workdays

ימי עבודה

weekend

סוף שבוע

year
שנה

rain
גשם
wind
רוח
snow
שלג
spring
אביב
fall
סתיו
summer
קיץ
winter
חורף

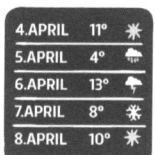

4.APRIL 11°
5.APRIL 4°
6.APRIL 13°
7.APRIL 8°
8.APRIL 10°

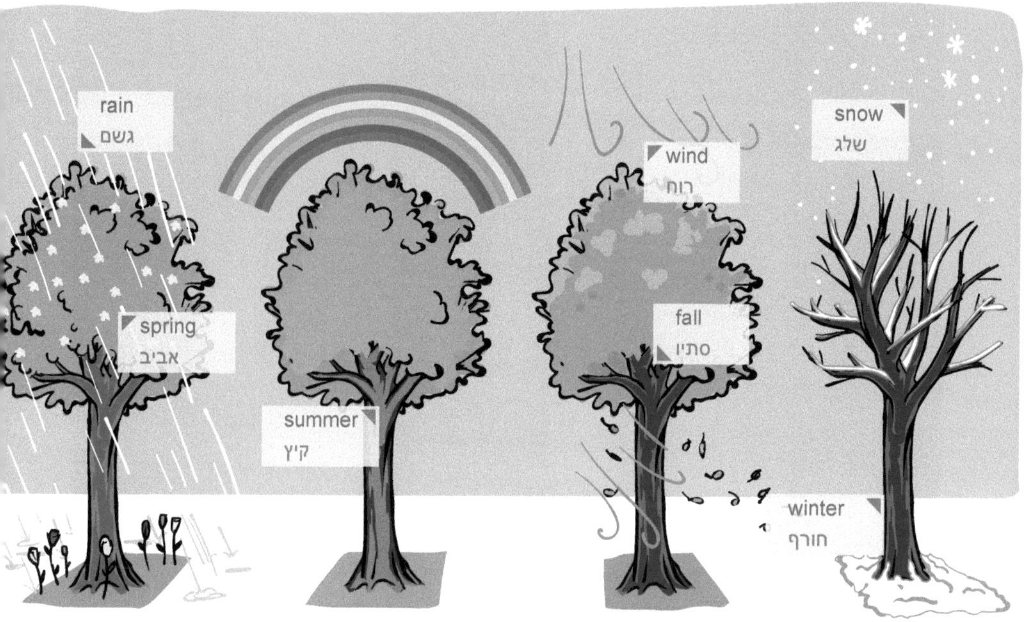

weather forecast
תחזית מזג האוויר

F C
120 40
90 30
60 20
30 10
0 0
-30 -10
-20

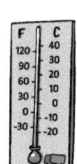

thermometer
מד חום

sunshine
אור שמש

cloud
ענן

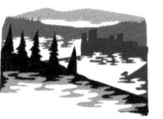

fog
ערפל

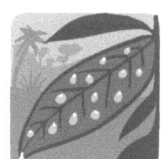

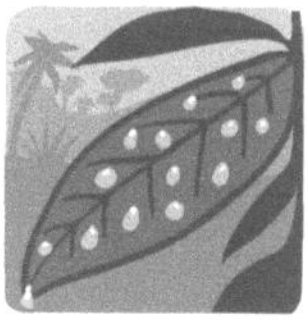

humidity
לחות

lightning

ברק

thunder

רעם

storm

סערה

hail

ברד

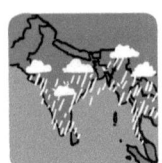

monsoon

רוח עונתי

flood

שיטפון

ice

קרח

January

ינואר

February

פברואר

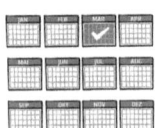

March

מרץ

April

אפריל

May

מאי

June

יוני

July

יולי

August

אוגוסט

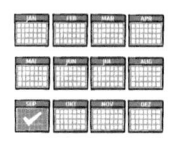

September

ספטמבר

October

אוקטובר

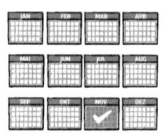

November

נובמבר

December

דצמבר

shapes

צורות

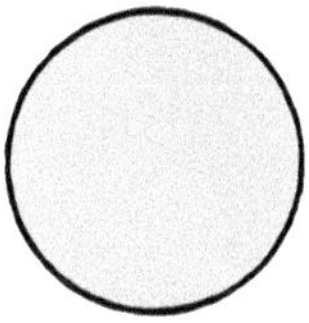

circle

עיגול

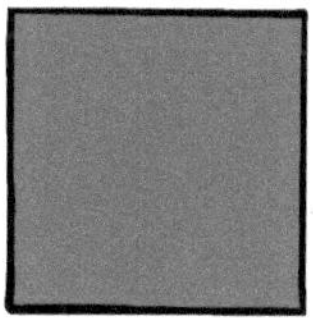

square

מרובע

rectangle

מלבן

triangle

משולש

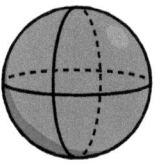

sphere

כדור

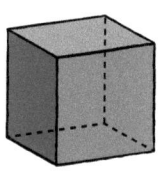

cube

קובייה

colors

צבעים

white

לבן

yellow

צהוב

orange

כתום

pink

ורוד

red

אדום

purple

סגול

blue

כחול

green

ירוק

brown

חום

gray

אפור

black

שחור

a lot / a little

הרבה / מעט

angry / calm

כועס / רגוע

beautiful / ugly

יפה / מכוער

beginning / end

התחלה / סוף

big / small

גדול / קטן

bright / dark

בהיר / כהה

brother / sister

אח / אחות

clean / dirty

נקי / מלוכלך

complete / incomplete

שלם / חלקי

day / night

יום /לילה

dead / alive

מת / חי

wide / narrow

רחב / צר

edible / inedible

אכיל / לא אכיל

evil / kind

רשע / טוב לב

excited / bored

מתרגש / משועמם

fat / thin

שמן / רזה

first / last

ראשון / אחרון

friend / enemy

חבר / אויב

full / empty

מלא / ריק

hard / soft

קשה / רך

heavy / light

כבד / קל

hunger / thirst

רעב / צמא

ill / healthy

חולה / בריא

illegal / legal

בלתי-חוקי / חוקי

intelligent / stupid

נבון / טיפש

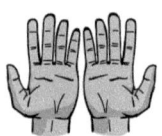

left / right

שמאל / ימין

near / far

קרוב / רחוק

new / used

חדש / משומש

nothing / something

כלום / משהו

old / young

זקן / צעיר

on / off

פעיל / כבוי

open / closed

פתוח / סגור

quiet / loud

שקט / רועש

rich / poor

עשיר / עני

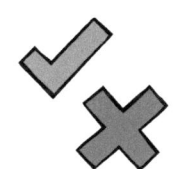

right / wrong

נכון / שגוי

rough / smooth

מחוספס / חלק

sad / happy

עצוב / שמח

short / long

קצר / ארוך

slow / fast

איטי / מהיר

wet / dry

רטוב / יבש

warm / cool

חם / קר

war / peace

מלחמה / שלום

numbers

מספרים

0	1	2
zero	one	two
אפס	אחת	שתיים
3	4	5
three	four	five
שלוש	ארבע	חמש
6	7	8
six	seven	eight
שש	שבע	שמונה
9	10	11
nine	ten	eleven
תשע	עשר	אחת-עשרה

12
twelve
שתים-עשרה

13
thirteen
שלוש-עשרה

14
fourteen
ארבע-עשרה

15
fifteen
חמש-עשרה

16
sixteen
שש-עשרה

17
seventeen
שבע-עשרה

18
eighteen
שמונה-עשרה

19
nineteen
תשע-עשרה

20
twenty
עשרים

100
hundred
מאה

1.000
thousand
אלף

1.000.000
million
מיליון

languages

שפות

English

אנגלית

American English

אנגלית אמריקאית

Chinese Mandarin

סינית מנדרינית

Hindi

הודית

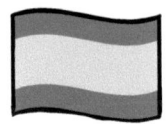

Spanish

ספרדית

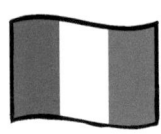

French

צרפתית

Arabic

ערבית

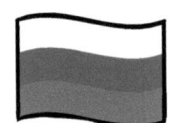

Russian

רוסית

Portuguese

פורטוגזית

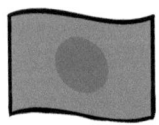

Bengali

בנגלית

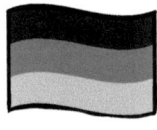

German

גרמנית

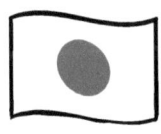

Japanese

יפנית

who / what / how

מי / מה / איך

I

אני

you

אתה / את

he / she / it

הוא / היא / זה

we

אנחנו

you

אתם

they

הם

who?

מי?

what?

מה?

how?

איך?

where?

איפה?

when?

מתי?

name

שם

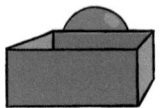

where

איפה

behind

מאחור

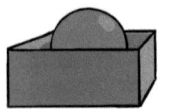

in

בתוך

in front of

לפני

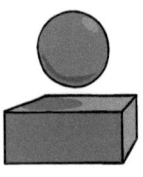

over

מעל

on

על

under

מתחת

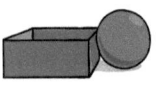

beside

ליד

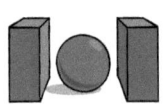

between

בין

place

מקום